필사 노트

성경을 읽는 것만으로 부족하다고 느껴질 때,
말씀을 '쓰는' 경험을 시작해보세요.

필사는 집중력을 높이고
묵상을 자연스럽게 이끌어
말씀이 삶에 스며들게 합니다.

오늘, 한 구절을 쓰며
하나님과 더 가까워지는 시간을 가져보세요.

필사는 단순히 베껴 쓰는 것이 아닙니다.
글자를 따라 쓰는 동안
생각은 정리되고, 집중은 깊어집니다.

바쁜 일상 속에서
나에게 집중하는 가장 조용한 시간
필사노트로 시작해보세요.

본 필사노트는 성경필사를 위하여 제작하였으나 일기장, 업무용 메모, 감동적인 시와 글, 감동적이고 행복한 여행이야기 등 책이나 나의 기억을 필사와 기록할 수 있는 노트로 활용하면 좋을 것 같습니다.

필사의 좋은 점

- 생각이 차분하게 정리됩니다.
- 하루의 분위기가 한결 달라집니다.
- 감정의 기복이 자연스럽게 줄어듭니다.
- 일상이 조금 더 행복해집니다.
- 글쓰기 · 독서 · 집중력 향상에 도움이 됩니다.
- 인내심을 기르는 데 도움이 됩니다.

No.

기록일:　　　　년　　　　월　　　　일

No.

기록일: 년 월 일

No.

기록일: 년 월 일

No.

기록일:　　　　년　　　월　　　일

No.

기록일: 년 월 일

No.

기록일:　　　　년　　　월　　　일

No.

기록일 : 년 월 일

No.

기록일: 년 월 일

No.

기록일: 년 월 일

No.

기록일: 년 월 일

No.

기록일:　　　　년　　　　월　　　　일

No.

기록일:　　　　년　　　월　　　일

No.

기록일: 년 월 일

No.

기록일: 년 월 일

No.

기록일: 년 월 일

No.

기록일: 년 월 일

No.

기록일: 년 월 일

No.

기록일: 년 월 일

No.

기록일: 년 월 일

No.

기록일:　　　　　년　　　　월　　　　일

No.

기록일:　　　년　　　월　　　일

No.

기록일:　　　　년　　　　월　　　　일

No.

기록일:　　　년　　월　　일

No.

기록일:　　　　년　　　월　　　일

No.

기록일: 년 월 일

No.

기록일: 년 월 일

No.

기록일:　　　년　　　월　　　일

No.

기록일: 년 월 일

No.

기록일: 년 월 일

No.

기록일: 년 월 일

No.

기록일: 년 월 일

No.

기록일: 년 월 일

No.

기록일:　　년　　월　　일

No.

기록일: 년 월 일

No.

기록일: 년 월 일

No.

기록일: 년 월 일

No.

기록일: 년 월 일

No.

기록일: 년 월 일

No.

기록일: 년 월 일

No.

기록일: 년 월 일

No.

기록일:　　　　년　　　월　　　일

No.

기록일:　　　　년　　　월　　　일

No.

기록일:　　　　년　　　월　　　일

No.

기록일: 년 월 일

No.

기록일:　　　　년　　　월　　　일

No.

기록일:　　　　년　　　월　　　일

No.

기록일: 년 월 일

No.

기록일: 년 월 일

No.

기록일:　　　　　년　　　　월　　　　일

No.

기록일:　　　년　　　월　　　일

No.

기록일: 년 월 일

기록일: 년 월 일

No.

기록일: 년 월 일

No.

기록일: 년 월 일

No.

기록일:　　　　년　　　　월　　　　일

No.

기록일: 년 월 일

No.

기록일: 년 월 일

No.

기록일: 년 월 일

No.

기록일: 년 월 일

No.

기록일:　　　년　　　월　　　일

No.

기록일:　　　년　　월　　일

No.

기록일: 년 월 일

No.

기록일: 년 월 일

No.

기록일: 년 월 일

No.

기록일:　　　　년　　　월　　　일

No.

기록일:　　　년　　　월　　　일

No.

기록일: 년 월 일

No.

기록일 : 년 월 일

No.

기록일:	년	월	일

No.

기록일: 년 월 일

No.

기록일: 년 월 일

No.

기록일: 년 월 일

No.

기록일: 년 월 일

No.

기록일: 년 월 일

No.

기록일: 년 월 일

No.

기록일:　　　년　　　월　　　일

No.

기록일: 년 월 일

No.

기록일: 년 월 일

No.

기록일:　　　　년　　　　월　　　　일

No.

기록일:　　　년　　　월　　　일

No.

기록일:　　　년　　　월　　　일

No.

기록일: 년 월 일

No.

기록일:　　　　년　　　　월　　　　일

No.

기록일:　　　년　　　월　　　일

No.

기록일: 년 월 일

No.

기록일: 년 월 일

No.

기록일:	년	월	일

No.

기록일:　　　　년　　　월　　　일

No.

기록일: 년 월 일

No.

기록일: 년 월 일

No.

기록일: 년 월 일

No.

기록일: 년 월 일

No.

기록일: 년 월 일

No.

기록일: 년 월 일

No.

기록일: 년 월 일

No.

기록일:　　　　년　　　월　　　일

No.

기록일: 년 월 일

No.

기록일: 년 월 일

No.

기록일:　　　　　년　　　　월　　　　일

No.

기록일:　　　　년　　　　월　　　　일

No.

기록일:　　　년　　　월　　　일

No.

기록일: 년 월 일

No.

기록일: 년 월 일

No.

기록일:　　　　년　　　월　　　일

No.

기록일: 년 월 일

No.

기록일: 년 월 일

No.

기록일: 년 월 일

No.

기록일: 년 월 일

No.

기록일:　　　　년　　　월　　　일

No.

기록일: 년 월 일

No.

기록일: 년 월 일

No.

기록일: 년 월 일

No.

기록일: 년 월 일

No.

기록일:　　　년　　　월　　　일

No.

기록일: 년 월 일

No.

기록일: 년 월 일

No.

기록일: 년 월 일

No.

기록일:　　　　년　　　월　　　일

No.

기록일: 년 월 일

No.

기록일:　　　　년　　　월　　　일

No.

기록일: 년 월 일

No.

기록일: 년 월 일

No.

기록일: 년 월 일

No.

기록일:　　　　년　　　월　　　일

No.

기록일: 년 월 일

No.

기록일: 년 월 일

No.

기록일:　　　년　　월　　일

No.

기록일:　　　년　　　월　　　일

No.

기록일: 년 월 일

No.

기록일: 년 월 일

No.

기록일:　　　　년　　　월　　　일

No.

기록일: 년 월 일

No.

기록일: 년 월 일

No.

기록일: 년 월 일

No.

기록일: 년 월 일

No.

기록일:　　　　년　　　월　　　일

No.

기록일: 년 월 일

No.

기록일: 년 월 일

No.

기록일:　　　년　　　월　　　일

No.

기록일:　　　년　　　월　　　일

No.

기록일: 년 월 일

No.

기록일: 년 월 일

No.

기록일: 년 월 일

No.

기록일: 년 월 일

No.

기록일:　　　　년　　　월　　　일

No.

기록일: 년 월 일

No.

기록일: 년 월 일

No.

기록일: 년 월 일

No.

기록일: 년 월 일

No.

기록일: 년 월 일

No.

기록일: 년 월 일

No.

기록일: 년 월 일

No.

기록일:　　　년　　　월　　　일

No.

기록일: 년 월 일

No.

기록일: 년 월 일

No.

기록일: 년 월 일

No.

기록일: 년 월 일

No.

기록일: 년 월 일

No.

기록일: 년 월 일

No.

기록일:　　　　년　　　월　　　일

No.

기록일: 년 월 일

No.

기록일 년 월 일

No.

기록일: 년 월 일

No.

기록일: 년 월 일

No.

기록일: 년 월 일

No.

기록일: 년 월 일

No.

기록일: 년 월 일

No.

기록일: 년 월 일

No.

기록일: 년 월 일

No.

기록일:　　　　년　　　월　　　일

No.

기록일: 년 월 일

No.

기록일:　　　년　　　월　　　일

No.

기록일: 년 월 일

No.

기록일: 년 월 일

No.

기록일:　　　　년　　　월　　　일

No.

기록일: 년 월 일

No.

기록일: 년 월 일

No.

기록일: 년 월 일

No.

기록일: 년 월 일

No.

기록일: 년 월 일

No.

기록일: 년 월 일

No.

기록일:　　　년　　　월　　　일

No.

기록일:　　　년　　　월　　　일

No.

기록일: 년 월 일

No.

기록일:　　　　년　　　월　　　일

No.

기록일: 년 월 일

No.

기록일: 년 월 일

No.

기록일:　　　　년　　　월　　　일

No.

기록일:　　　　년　　　월　　　일

No.

기록일: 년 월 일

No.

기록일:　　　년　　　월　　　일

No.

기록일: 년 월 일

No.

기록일: 년 월 일

No.

기록일: 년 월 일

No.

기록일: 년 월 일

No.

기록일: 년 월 일

No.

기록일: 년 월 일

No.

기록일: 년 월 일

No.

기록일:　　　　년　　　월　　　일